27
L n. 17301.

AF258197

L n. 17301.

ÉLOGE HISTORIQUE

DE

PIERRE RÉVOIL,

CORRESPONDANT DE L'INSTITUT,

CHEVALIER DE LA LÉGION-D'HONNEUR,

ANCIEN PROFESSEUR DE PEINTURE A L'ÉCOLE DES BEAUX-ARTS DE LYON, MEMBRE

DE L'ACADÉMIE ROYALE ET DE LA SOCIÉTÉ

LITTÉRAIRE DE CETTE VILLE ;

DISCOURS DE RÉCEPTION

PRONONCÉ

A la Société littéraire de Lyon,

Dans la Séance du 27 avril 1842,

PAR

E.-C. MARTIN-DAUSSIGNY,

PEINTRE.

LYON,

IMPRIMERIE DE BARRET,

PLACE DES TERREAUX, 20.

1842.

ÉLOGE HISTORIQUE

DE

PIERRE RÉVOIL.

———

Messieurs,

Au moment de prendre la parole pour la première fois devant vous, j'éprouverais un sentiment de timidité bien naturel, si je n'avais l'espoir, qu'en daignant m'écouter quelques instants, vous serez encore animés par cette bienveillante indulgence qui m'a valu vos suffrages. Reçu au nombre des membres titulaires de cette Société, n'ayant que de bien faibles titres à cet honneur, mon premier mouvement a été et devait être l'expression d'une reconnaissance d'autant plus grande qu'elle est encore augmentée par la conviction de mon infériorité. Aussi, ce qui rend cette admission si précieuse pour moi, c'est l'espérance d'acquérir, dans vos savantes réunions, ce qui me manque pour en être digne.

Toute société imposant des devoirs, je remplirai les miens; artiste, les faibles tributs que j'aurai l'honneur de vous offrir, traiteront spécialement des beaux-arts et de tout ce qui s'y rattache : de grandes questions du plus haut intérêt restent encore à résoudre, et en les soumettant à vos lumières, j'ai l'espoir d'arriver à une solution aussi satisfaisante que complète.

Mais avant, Messieurs, j'éprouve le besoin de vous entretenir aujourd'hui d'un des plus anciens membres de notre Société, de celui qui guida mes premiers pas dans la carrière des arts, de celui qui fut le chef et le fondateur de notre école de Lyon, et auquel nous devons les peintres lyonnais dont notre cité fait sa gloire, de celui enfin qui n'est plus, mais dont le souvenir vivra toujours dans le cœur de ses élèves et de ses nombreux amis.

Je retracerai d'abord brièvement les principaux événements de sa vie privée, qui fut toujours celle d'un homme de bien ; puis, je rappellerai à vos souvenirs ses titres à la célébrité.

Pierre Révoil, naquit à Lyon, le 12 juin 1776 (1). Confié encore jeune aux soins d'un oncle vertueux qui sut lui inspirer de bonne heure les sentiments honorables qu'on a remarqués en lui pendant tout le cours de sa vie, le jeune Révoil sut l'en récompenser par sa bonne conduite, son application à remplir ses devoirs, et son ardeur à profiter de l'éducation que ce bon parent lui faisait donner. Ses études furent violemment interrompues par les orages politiques, pendant lesquels son oncle reçut de lui des preuves d'un attachement sincère, et ce fut à cette époque que se développa en lui ce goût pour les arts qui devait l'illustrer ensuite. Il fut reçu à l'école centrale, ouverte alors à l'Hôtel-de-Ville, et ses premiers essais furent dirigés par le respectable feu M. Grognard, que nous avons vu, quelques années après, professeur de principes à l'école du Palais-des-Arts. Il travailla aussi sous le professeur

(1) Fils d'Antoine Révoil, pelletier, et de Marguerite Poncet, son épouse ; paroisse St-Nizier.

Gonichon qui avait formé le célèbre Bony, un des plus excellents dessinateurs de la fabrique lyonnaise. Au sortir de leurs mains, le jeune Révoil, peu fortuné, fut obligé d'accepter à Lyon une place de dessinateur dans une manufacture de papiers peints. Dévoué à cet établissement, dont les productions devaient nécessairement être dans le goût du jour, le jeune artiste, soit par intérêt pour ses chefs, soit pour obéir à des exigences de commandes, y exécuta diverses compositions de circonstances qui lui furent injustement reprochées plus tard, parce qu'elles ne devaient être considérées que comme le produit d'un établissement dans lequel il n'était qu'un instrument passif (1).

Las de cette subordination inséparable de son emploi, Révoil, à peine âgé de vingt ans, aspirait à cette indépendance si nécessaire au génie d'un artiste, et souhaitait ardemment de visiter la capitale.

Le grand réformateur des arts au XVIIIe siècle, David, était alors dans tout l'éclat de sa gloire artistique. L'oncle de Pierre Révoil désira le placer sous la direction d'un homme si célèbre, et, par les protections les plus recommandables, le jeune élève de Lyon fut reçu dans l'atelier de l'auteur des Sabines. Au moment où fut amené devant lui le jeune Révoil, David travaillait à ce superbe ouvrage, et voulant mettre à l'épreuve la capacité de l'élève lyonnais : « jeune homme, lui dit-il, voyons, donnez-moi votre avis sur cette figure, » et en même temps il lui montrait le Romulus qu'il venait de tracer. Révoil tout ébloui, et du grandiose de la composition, et surtout de la célébrité de l'homme en présence duquel il se trouvait, rougit prodigieuse-

______

(1) Il en existe encore quelques-unes revêtues de sa signature.

ment et demeura muet. Mais David persévérant dans son idée, insista d'un ton si absolu, que le jeune homme, en tremblant, lui dit qu'il croyait que les jambes du héros manquaient un peu de finesse. A ces mots, le grand peintre réfléchit quelques instants, puis, se tournant vers ceux qui étaient présents : il a raison leur dit-il, et saisissant un crayon, il corrigea, d'une main habile cette légère imperfection.

Tout en remarquant combien cette scène fut flatteuse pour l'élève, nous devons observer qu'elle prouve toute la grandeur d'âme et l'esprit du célèbre maître, qui recherchait tellement la perfection, qu'il ne dédaignait pas même l'avis d'un élève inconnu. Ce trait nous rappellerait celui d'Apelles, si nous pouvions décemment comparer l'élève de David au hardi correcteur du peintre d'Alexandre. Plus sage, parce qu'il était plus savant, Révoil ne fut pas indiscret comme lui, et sut borner là sa critique. Cette scène ne s'effaça jamais de sa mémoire, car, trente ans après, en me la racontant, il me disait : « en ce moment j'ai vu David grandir, et jamais il ne me parut si imposant. »

Dès cet instant, le jeune Révoil travailla dans l'atelier de ce grand maître, et c'est dans les préceptes de ce savant professeur, qu'il puisa ce goût si fin, et les excellentes doctrines artistiques qu'il apporta dans notre école, lorsqu'il en devint le chef quelques années plus tard.

Après un certain temps passé à l'école de David, Révoil revint à Lyon dans sa famille. Il commença dès lors à donner des leçons en ville, et faire quelques portraits. Je cite ces premiers moments de sa carrière, Messieurs, non pour ce qu'ils ont de remarquable sous le rapport de l'art, mais parce que rien n'est indifférent dans les premières années d'un homme qui s'est rendu célèbre, et que le produit de ses travaux encore obscurs, était employé à remplir les devoirs d'un bon fils.

Mais bientôt survint une des occasions les plus favorables qu'ait eues Révoil de montrer son talent dans sa patrie, ce fut le tableau que la ville lui fit exécuter en l'honneur du premier Consul. Nous trouvons dans l'histoire de l'Académie, par M. Dumas, que, dans la séance du 4 pluviôse an X, en présence du Ministre de l'intérieur, Révoil produisit le dessin d'une allégorie figurant *la ville de Lyon qui se ranime avec les secours du chef de l'État.* L'auteur ajoute que le Ministre arrêta, séance tenante, que ce dessin serait exécuté en grand, et le tableau placé dans l'Hôtel-de-Ville. Plus loin, M. Dumas exprime ses regrets que ce dessin ne soit pas resté la propriété de l'Académie, et cela, avec d'autant plus de raison, que cet ouvrage, détruit en 1814 (1), avec toutes les autres peintures que Révoil et d'autres artistes avaient exécutées comme décors, à l'occasion de différentes réjouissances publiques sous l'Empire, n'existe plus que dans le souvenir de ceux qui se le rappellent comme une belle page de l'histoire de notre ville.

(1) Par ordre supérieur, le tableau de Gallais représentant l'entrée triomphante de Bonaparte à Lyon, son portrait copié d'après Gros, et le tableau du premier Consul relevant la ville de Lyon, par Révoil, furent lacérés dans la cour du Palais-des-Arts, et brûlés dans la cheminée du local où est installée aujourd'hui la Chambre de commerce, en présence de MM. Hodieu, secrétaire-général de la Mairie, Artaud, conservateur du Musée, et du sieur Berger, concierge. Révoil vit peut-être avec joie détruire un ouvrage qui pouvait lui être nuisible, vu l'exaltation qui régnait alors dans les esprits. Mais on ne doit attribuer cet acte de vandalisme qu'à l'effervescence d'une époque qui crut pouvoir effacer le souvenir d'un grand capitaine, que son génie, sa gloire et ses revers ont immortalisé.

Quant au dessin en petit, l'explication de son allégorie fut insérée dans le n° 19 du journal de Lyon et
du Midi, et cette esquisse, fort soignée, existait encore
en 1829 dans la collection de M. Coulet à Lyon.

Cette peinture de haut style, malgré la critique
amère dont elle fut l'objet, serait aujourd'hui un des
tableaux les plus précieux de l'auteur, qui a fort peu
travaillé en grand. Nous nous proposons d'en parler
plus bas, en citant les ouvrages qui le suivirent.

Quoique cet œuvre eût eu du succès, Révoil sentit
que le genre auquel l'appelait son génie était les tableaux
de chevalet. Son expérience et les avis d'amis éclairés
le déterminèrent dans son choix. Sentant le besoin de
créer un genre nouveau, son compatriote et ami (1)
venait de se décider pour les sujets français du moyen-
âge, Révoil séduit par les idées chevaleresques, suivit
son exemple et se dévoua à retracer sur la toile les
héros dont la France s'honore. Ainsi, il fut un des
premiers à traiter un genre de sujets dans lequel il
égala bientôt tous ses rivaux. Révoil était animé d'une
noble ambition, il voulait se distinguer, et quoiqu'il
sentît bien que la grande peinture tient le premier rang,
il pensa arriver plus tôt à la célébrité en choisissant un
genre où le talent, moins long à acquérir, est compris
et apprécié plus facilement, et dans lequel il se sentait
appelé à briller. Enfin, Révoil aima mieux être le chef
dans un genre secondaire, que de risquer d'être surpassé
en traitant la grande peinture. César disait qu'il préfé-
rait être le premier dans un village, que le second à
Rome, et en fait d'ambition, Messieurs, César s'y
connaissait....

(1) M. F. Richard.

Toutes ces considérations faisant sentir à Révoil le besoin de s'instruire dans l'histoire, les mœurs et les usages des siècles du moyen-âge, il lut les romans de chevalerie, étudia les manuscrits, dessina les monuments, consulta les estampes anciennes même les plus barbares, fréquenta les bibliothèques, et acquit, par cette étude de tous les instants, cette science prodigieuse d'usages, de costumes, de mœurs et de caractères, que l'on retrouve dans son CHARLES-QUINT, son BAYART CONVALESCENT, son DUGUESCLIN, et enfin dans toutes ses nombreuses compositions historiques, dont nous nous occuperons plus bas en examinant ses ouvrages de peinture et de poésie.

La fondation de l'école de Lyon au palais St-Pierre en 1807, fixa définitivement Révoil dans sa ville natale. Nommé professeur de la classe de peinture, ce poste honorable et si bien mérité lui fournit l'occasion de développer ce précieux talent d'enseignement auquel nous devons tant d'artistes célèbres, dont la plupart sont aujourd'hui d'habiles professeurs dans l'établissement où ils ont été instruits par un maître qui sut également s'en faire chérir et respecter (1). Révoil était pour eux plus qu'un professeur, c'était un ami, et à le voir entouré d'eux, on eût dit un bon père au milieu de ses enfants.

Si l'un de ses élèves était malheureux, il le soulageait en lui procurant quelques travaux à sa portée, car son cœur s'intéressait à leur bien être, comme à leurs succès.

Mais, Messieurs, je ne dois pas oublier de dire à la louange de ceux-ci, que l'attachement que leur

(1) MM. Thierriat, Rey, Bonnefond, Genod.

maître avait pour eux , était payé de retour ; je citerai même à ce sujet un fait que je tiens d'un de ses anciens disciples.

Logé dans ce palais , Révoil tomba malade , et pendant quelques jours sa vie fut en danger. Ce fut alors une désolation pour ces jeunes gens, tous, à l'envi les uns des autres, furent lui prodiguer leurs soins, le veillant nuit et jour, et à chaque instant, épiant sur sa physionomie l'annonce d'un retour à la santé. Aussi, quel beau jour pour eux que celui où Révoil , rendu à leurs vœux ardents, reparut dans l'école, et, les larmes aux yeux, les remercia de leurs soins assidus ! Cet attachement honore autant les élèves qui en furent capables, que le professeur qui sut l'inspirer.

La place honorable qu'il occupait à l'école de Lyon, lui ouvrit les salons où se rassemblait la société la mieux choisie, dans laquelle il sut toujours se faire considérer sous tous les rapports , et s'acquérir des amis recommandables. Ce fut alors que Révoil, déjà membre de la Société littéraire , fut reçu en 1809 au nombre des titulaires de l'Académie de Lyon , dont il avait été émule. Cette flatteuse distinction précéda de quelques années celle de chevalier de la Légion-d'Honneur, qui lui fut accordée par Monsieur, comte d'Artois, à son passage à Lyon, en 1814, et confirmée par ordonnance royale du 18 janvier 1815.

Aussi, Messieurs, nous ne devons pas hésiter à regarder cette première époque de son professorat comme la plus brillante de sa carrière, par la haute considération qu'il s'y est acquise, et par le dévoûment parfait de ses élèves.

Les événements politiques de mars 1815 ayant éloigné momentanément Révoil de son école, il reçut encore de nouveaux témoignages d'attachement de ses élèves, qui ne négligèrent rien pour les intérêts qu'il avait été obligé d'abandonner, et, trois mois après, il se retrouva encore au milieu d'eux avec un nouveau plaisir.

A cette époque, Messieurs, commença pour Révoil une nouvelle existence. Cherchant le bonheur dans des liens de famille, d'ailleurs bien légitimes, il se maria, et cette union l'éloigna en même temps de Lyon et de ses élèves. Son départ fut un jour de deuil pour tous, et l'habile professeur qui fut nommé pour le remplacer, dut se former une classe nouvelle. En 1823, le retour de Révoil à Lyon fut accueilli avec transport par ses anciens amis et ses élèves dévoués ; il avait quitté des jeunes gens qui faisaient leurs premiers essais, il retrouva des hommes faits, dans tout l'éclat du talent. Enfin, depuis ce moment et conjointement avec son digne ami, feu M. Artaud, il dirigea l'établissement jusqu'en 1830, où les événements politiques l'en éloignèrent pour toujours : le vendredi 30 juillet, il quitta son cabinet qu'il ne devait jamais revoir....

Dans cette seconde époque de son professorat, Révoil, absorbé par des liens de famille bien naturels et bien puissants, n'était plus entouré de ses élèves comme autrefois, et les intérêts qu'il abandonnait trouvèrent peu de défenseurs. Aussi les lettres de reconnaissance qu'il m'adressait de sa retraite à ce sujet, me sont d'autant plus précieuses, que bien peu de personnes pourraient en montrer d'aussi fortement expressives.

Révoil supporta les revers avec courage et résignation. Se confiant religieusement à la Providence, il travaillait sans relâche pour réparer le tort que les événements venaient de faire à sa fortune ; car les dernières années de sa vie furent les plus péniblement laborieuses. Nous passerons rapidement sur ces moments de souffrance, ils nous offriraient le douloureux spectacle d'un homme dont l'âge et les infirmités demandaient l'aisance et le repos, et qui dut se condamner à un travail pénible de tous les instants.

Aujourd'hui, Messieurs, Révoil n'est plus; ses élèves et amis de Lyon n'ont pu l'accompagner à sa dernière demeure, mais ils ont vivement senti la perte de celui qui fut pour eux un véritable ami.

Les quatre dernières années de sa vie se passèrent à Paris, où il a trouvé le terme d'une existence si brillante autrefois, et qui était devenue bien cruelle pour celui qui fut bon fils, bon père, bon époux, bon ami, et pourtant malheureux.

Le 19 mars 1842 fut le jour où Dieu l'appela à lui; il expira doucement au milieu des siens, en leur laissant le souvenir d'un beau talent et l'exemple de ses vertus!...

Après avoir retracé les principaux événements de sa vie, employée tout entière au bonheur de sa famille, après avoir parlé de cette noble conduite personnelle, qui, si elle ne l'exempta pas du malheur, sut toujours lui conserver l'estime et l'attachement des gens de bien, nous devons à sa mémoire de nous occuper quelques instants des ouvrages qu'il nous a laissés; pour cela, nous pouvons le considérer sous trois points du vue différents : comme professeur, comme peintre, et comme poète.

Le plus bel éloge que nous puissions faire de Révoil, comme professeur, c'est de citer le nom des élèves dont il faisait sa gloire, et qui, par le haut degré de talent où ils sont parvenus, font aujourd'hui celle de leur patrie (1) ; mais nous ajouterons que, plein de dignité dans son professorat, leur maître exigeait d'eux une tenue décente, veillait avec soin à leur instruction, les aidait de son influence et de sa protection. Ayant toujours eu pour but de faire, des jeunes gens confiés à ses soins, non-seulement des hommes de talent, mais aussi des hommes de bien ; il s'inquiétait de leurs mœurs, et surtout, Messieurs, leur montrait l'exemple ; car il savait qu'un professeur ne peut être respecté de ses élèves, qu'autant qu'il se respecte lui-même.

Révoil fit du professorat un sacerdoce, et dans l'établissement confié à ses soins, il s'attacha toujours ardemment à poursuivre le vice corrupteur, et à inspirer aux jeunes gens confiés à sa direction, les sentiments honorables qui l'ont toujours distingué. Doué d'une mémoire heureuse, il y avait gravé les sages préceptes, en fait d'art, de son maître DAVID, et les transmettait à ses élèves, en leur en faisant sentir la justesse. Souvent, au milieu d'eux, il leur racontait mille particularités intéressantes sur ce grand artiste, et qui toutes, avaient pour but l'instruction de ceux qui l'écoutaient. Alors les doctrines artistiques qu'il avait puisées à une si célèbre école, devenaient pour les élèves de Lyon une autorité respectée.

(1) Tels sont MM. Thierriat, Bonnefond, Genod, Rey, Trimolet, Biard, Lepage, Jacomin, Reverchon, Chomelon, Soulary, etc., etc.; car l'énumération de tous serait trop longue ici. Nous remarquerons cependant que ce fut pendant le court espace de neuf à dix ans, depuis 1807 jusqu'en 1816, que Révoil dota notre ville de toute sa brillante école, et qu'il produisit les célèbres dessinateurs qui illustrèrent la fabrique lyonnaise, dont ils sont aujourd'hui les chefs et les soutiens ; tout cela fut produit malgré l'insuffisance des faibles moyens d'instruction que l'on fournissait alors à une école qui ne faisait que de naître. Quel brillant professorat!...

Avant de nous occuper des productions d'art de Révoil, il ne sera pas hors de propos d'essayer quelques
réflexions sur les qualités nécessaires à un artiste; et
ces observations, bien loin d'être étrangères à notre
sujet, s'y rattachent d'autant plus, qu'elles ne sont,
pour ainsi dire, que l'énumération de celles que
possédait celui dont nous nous occupons dans le cours
de cet écrit.

Une des principales, Messieurs, c'est la noblesse
des pensées. Cette qualité est si essentielle, qu'il sem-
ble avec raison qu'on peut être peintre sans être artiste, idée qui pourra paraître nouvelle, mais qui de-
meurera une vérité, en prouvant que ce n'est pas le
talent seul qui fait les artistes, mais que ce sont aussi
les sentiments.

Le bien, la perfection de l'art, voilà la fin, le
but du véritable artiste; or, pour y arriver, il faut
des sacrifices de temps, d'amour-propre et même
d'intérêt; de la peine et des privations, une étude
constante et un grand amour du vrai, du beau et des
convenances. Il faut aussi du savoir et de l'intelligence,
mais surtout des idées grandes et élevées, et au lieu
d'une envieuse rivalité, une noble et généreuse ému-
lation. On sent que pour professer seulement un art
quelconque, un homme n'a pas besoin de tant de
qualités, et que celui qui les possède n'est pas simple-
ment un peintre ou un sculpteur.

Je viens de dire qu'il faut des sacrifices de temps,
d'amour-propre et d'intérêt; de temps, parce qu'il convient d'avoir, dans l'exécution d'un tableau par exemple, une sage lenteur qui n'agisse qu'avec réflexion,
et que ce serait mal remplir le but de l'art, que de
laisser ses ouvrages imparfaits, dans l'impatience de

passer à d'autres. La grande habileté de *Giordano*, surnommé *fa presto*, n'était qu'une exception; il serait très-dangereux pour un peintre de briguer ce genre de gloire, et de vouloir, en méritant le même surnom, grossir le nombre malheureusement trop grand des *fa presto* d'aujourd'hui. Cette doctrine, Messieurs, fut toujours celle que Révoil enseigna à ses élèves.

Des sacrifices d'amour-propre sont nécessaires, ai-je dit; car le peintre doit toujours se défier des éloges qu'il reçoit, et ne jamais repousser la critique, même la plus injuste, sans réfléchir s'il ne peut pas y trouver d'utiles leçons. Quant aux sacrifices d'intérêts, ils consistent à ne rien négliger, pendant la durée du travail, pour s'assurer des moyens auxiliaires pour parvenir à la perfection, et nullement à ne pas mettre un prix à ses productions. Le temps est passé où Zeuxis, devenu par son talent immensément riche, ne faisait plus payer ses ouvrages, mais en faisait généreusement don aux villes et aux rois.

J'ai dit qu'il fallait de la peine et des privations; en effet, que de recherches arides et rebutantes, que d'heures passées dans la méditation ou perdues à des essais stériles, qui auraient pu s'écouler en fêtes et en divertissements!

Une étude constante, un grand amour du vrai, du beau et des convenances. N'est-ce pas, en effet, par une étude approfondie que le talent s'acquiert, et un esprit porté à la fausseté et à la dissimulation saurait-il donner cet air de vérité convenable à la physionomie d'Hippolyte se justifiant devant son père, à celle de Suzanne faussement accusée?... S'il n'a l'amour du beau et des convenances, saura-t-il les exprimer dignement sur la toile? Voyez, pour un instant d'erreur, la faute énorme commise par Jules Romain, qui, chargé, après la mort de son maître Raphaël, d'exécuter, sur les dessins de ce dernier, les peintures de la grande salle de Constantin au Vatican, ajouta, dans le tableau de la harangue de cet empereur, un nain ridicule, et dans celui où Constantin est représenté faisant don au pape Sylvestre de la ville de Rome, plaça, sur le devant du tableau, un enfant à cheval sur un chien. Le grand Raphaël lui-même, dans le carton des clefs données à S. Pierre, et conservé au palais d'Homptontcour, n'a-t-il pas placé dans le fond d'une composition retraçant une scène aussi sévèrement solennelle, une maison qui brûle et du linge qui sèche sur des haies ? Tant il est vrai que le peintre doit avoir un grand discernement pour sentir ce qui est convenable et savoir l'exprimer, quand on voit que des hommes si éminents sont tombés dans des erreurs aussi graves.

Je saisirai cette occasion, Messieurs, pour faire remarquer qu'à l'exemple du célèbre Poussin, nous ne trouverons rien de trivial ni d'inconvenant dans les ouvrages de Révoil. Tout y révèle la noblesse des sentiments, la grandeur d'âme, la délicatesse du goût, et un esprit fin. Jamais le caractère de ses héros n'est démenti dans aucun de ses tableaux par une action commune; et, s'il a péché dans ses ouvrages, c'est plutôt par l'excès contraire.

Quant au savoir, à l'instruction et à l'intelligence dont un artiste a besoin, personne ne peut en révoquer en doute la nécessité, au moins dans la spécialité des sujets que représente ordinairement l'artiste. Un auteur (1) a dit que pour bien peindre l'histoire,

(1) Richardson.

il fallait pouvoir l'écrire ; eh bien ! je dirai plus , Messieurs, c'est qu'il ne suffirait pas d'écrire l'histoire comme le font les historiens. Le peintre a besoin non-seulement d'être informé des faits dans toute leur exactitude , mais il faut qu'il en connaisse les détails les plus minutieux ; il faut qu'il sache jusque dans les plus petites choses, quel était le costume que portait son héros, il faut qu'il en connaisse les traits et la taille ; enfin il n'est pas jusqu'aux meubles de sa demeure qu'il ne doive décrire de la manière la plus précise. Si l'on veut bien se rendre compte de la difficulté de cette tâche , on comprendra de suite , qu'il est encore plus rare d'être grand peintre qu'historien, car il y a bon nombre de sujets qui prêtent fort bien à la poésie écrite, et qui seraient d'un médiocre effet en peinture.

Ici , Messieurs, nous nous empressons de remarquer combien Révoil posséda ce genre de connaissances, et fut profond dans la science de l'histoire du moyen-âge ; combien il en connut les mœurs, les usages , les costumes , le caractère et le langage. Aussi , ses tableaux seront toujours des monuments précieux sous ce rapport ; et ce fut cette étude constante qui le porta à rassembler une collection de meubles, armes et étoffes si belle, que le comte d'Artois, en 1814 , fut la visiter à son passage à Lyon , et en fit plus tard l'acquisition, pour le musée Charles X , en 1829.

Enfin , en parlant des qualités nécessaires et même indispensables à un artiste, j'ai cité les sentiments nobles et élevés sans lesquels il ne représentera rien de grand ; tandis que le but de la peinture est d'élever l'âme du spectateur à la hauteur du sujet que l'artiste a représenté , et de lui inspirer la même émotion que s'il assistait à la scène réelle. En un mot, en

BIBLIOTHÈQUE ROYALE

voyant un tableau représentant un acte de vertu, le spectateur doit se sentir devenir meilleur, au moins autant de temps qu'il restera en présence de l'image ; et celui-là qui aura atteint un pareil but, Messieurs, est un bien grand artiste. Mais, pour cela, il faut être entièrement exempt de cette envieuse rivalité qui rapetisse l'âme, et posséder ce qu'on appelle la religion de son art. Il faut que le peintre, s'il représente une scène de l'Évangile, ait intérieurement pour but la gloire du Christianisme ; s'il représente l'histoire profane, il faut qu'il se propose réellement d'en faire sentir les beautés ; enfin, il est nécessaire qu'il s'identifie si bien avec son sujet, qu'il devienne pour lui la réalité même. Pour nous, Messieurs, le véritable artiste, c'est Francia mourant de douleur de n'avoir pu arriver à la perfection ; c'est Angelic tout en pleurs en pensant aux souffrances du Sauveur qu'il représentait sur la croix ; c'est Pygmalion amoureux de la *Galatée* que son ciseau vient d'enfanter ; c'est Giotto se prosternant aux pieds de la Vierge que son pinceau vient de créer ; c'est Raphaël enfin qui, lorsque le sanctuaire des arts devenait pour lui le temple de l'amour, voilait respectueusement la ravissante Madone dont il craignait d'offenser les modestes et pudiques regards.

Cette élévation de pensée caractérisa toujours les œuvres de Révoil : aussi ce fut un véritable artiste. Comme les peintres du moyen-âge, il avait la foi ; ses peintures étaient pensées et réfléchies avant d'être confiées à la toile ; et, pour lui, son sujet se réalisait au point, qu'en représentant un héros, il pensait en héros lui-même.

Pour nous en convaincre, arrêtons-nous un instant devant ses ouvrages.

Ceux qui se rappellent son tableau de Bonaparte relevant la ville de Lyon, ne peuvent s'empêcher de regretter que l'exaltation d'une époque postérieure ait anéanti cet ouvrage, monument d'une juste reconnaissance d'un lyonnais envers celui qui rendait de si éminents services à sa patrie. Dans le temps, on reprochait à Révoil que le génie de Lyon, représenté dans ce tableau, était dépourvu d'embonpoint, et n'avait pas cet air de santé qui convient aux immortels. Ce prétendu défaut était au contraire d'une convenance parfaite, et annonçait une pensée profonde de la part du jeune peintre. La ville de Lyon, dévastée pendant nos orages politiques, avait vu ses arts abandonnés, son commerce détruit, ses édifices renversés, il était naturel que la figure allégorique représentant les arts et l'industrie lyonnaise, eût les traits encore empreints des souffrances qu'ils avaient éprouvées, et par là fît mieux sentir l'importance du service que leur rendait alors l'illustre capitaine. Au reste, la biographie des contemporains cite avec éloge l'ouvrage dont il s'agit ici, comme un des plus beaux de son auteur, quoique les figures eussent peu de relief (1). Quelques ouvrages d'une bien moin-

(1) Jal, dans son résumé de l'histoire du Lyonnais, cite ce tableau en parlant de la réédification du quartier de Bellecour, et dit que l'idée de cette composition paraît avoir été empruntée par Révoil à une vignette curieuse qui orne la tête d'un chapitre de l'*Éloge historique de la ville de Lyon*, par le père Ménestrier. C'est vraiment faire beaucoup d'honneur à l'auteur de la vignette ancienne qui est assez mauvaise.

Ceci me rappelle un mot de David sur le plagiat, qui disait-il, n'était permis que lorsque le voleur tuait son homme, c'est-à-dire quand il le surpassait. Il faut avouer que si, dans cette occasion, Révoil a été plagiaire, il a, on ne peut mieux, mis à profit la recommandation de son illustre maître.

dre importance suivirent celui-ci, et nous amènent à l'époque où parut le tableau de l'*Anneau de Charles-Quint*, qui orne actuellement le musée du Luxembourg. En voici le sujet :

Charles-Quint ayant obtenu de François Ier la permission de passer par la France pour aller à Gand apaiser une révolte, fut reçu à Fontainebleau avec les plus grands honneurs, par le roi qui avait été son prisonnier à la bataille de Pavie; et averti que plusieurs personnes, et entre autres la duchesse d'Étampes, excitent François Ier à s'en venger, il veut la mettre dans ses intérêts. Au moment de se laver les mains, avant de se mettre à table, il tire de son doigt un anneau précieux qu'il laisse tomber exprès; la duchesse s'empressant de le ramasser et de le lui rendre : *Non Madame*, lui dit l'empereur, *il est en de trop belles mains pour le reprendre*. Pendant ce temps-là, Triboulet, bouffon de la cour, ose montrer à François Ier, qui ne s'est pas aperçu de l'artifice de Charles, la liste des fous sur laquelle il a placé l'empereur, assez insensé pour traverser la France. Mais, dit le roi, si je le laisse passer, que feras-tu? — Sire, répond celui-ci, j'effacerai son nom et j'y mettrai le vôtre.

Cette scène est rendue par l'auteur avec beaucoup de vérité, et lui fit le plus grand honneur; le *Moniteur* du 6 février 1811, cite avec éloge ce tableau, dans lequel, dit-il, toutes les principales figures sont des portraits.

Nous nous permettrons seulement d'observer que, le fond manquant absolument d'air, la tapisserie paraît toucher aux personnages du premier plan.

Malgré cela, cet ouvrage fit d'autant plus d'effet, qu'on n'était point encore habitué à cette finesse et à cette prodigieuse adresse d'exécution des détails dans lesquels Révoil fut pour ainsi dire inimitable. Cette exactitude des costumes auxquels il savait donner une élégance que ne lui fournissaient point les modèles raides et barbares auxquels il les empruntait, fut pour lui très-honorable, et le succès de cet ouvrage eut tant de retentissement, que Napoléon, alors empereur, visitant le salon, s'arrêta devant ce tableau, et avertit le conservateur du musée qu'il en faisait l'acquisition. « Sire, répondit respectueusement celui-ci, l'impératrice l'a déjà retenu, vous lui direz, répliqua l'empereur, que je le veux. » On sait que ces mots, dans sa bouche, ne voulaient pas de réplique, et le tableau de Charles-Quint fut acheté (1).

Le musée du Luxembourg possède un autre ouvrage de Révoil, c'est la convalescence de Bayart, à Brescia. Voici à quel sujet :

Ce héros, surnommé *sans peur et sans reproche*, se distingua dans plusieurs guerres sous Louis XII et François Ier. Ayant suivi Gaston de Foix, duc de Nemours, à la prise de Brescia, il fut blessé, pendant l'assaut, d'un coup de lance à la cuisse, et se fit transporter dans une maison voisine du rempart, dont il préserva la maîtresse et ses deux filles, des horreurs du sac de la ville. Ramenées chaque jour par la reconnaissance auprès du lit de leur défenseur, les jeunes personnes faisaient de la musique afin de charmer l'ennui de sa convalescence, et c'est cet instant que l'artiste a choisi.

Cet ouvrage, peut-être le meilleur de Révoil,

_____

(1) L'anneau de Charles-Quint fut surnommé cette année là, *le diamant du salon.*

parut au salon de 1817, et son succès valut à l'auteur le deuxième prix du genre secondaire, qu'il partagea avec M. Bidault.

Ici nous remarquerons que le coloris, qui a été la partie faible de Révoil, a atteint dans cet ouvrage un degré de beauté digne d'un Hollandais. Le soleil, venant du fond de l'appartement, dont la perspective est parfaite, produit un effet admirable et d'une vérité indicible. Les accessoires, les détails des meubles, des costumes, des armes, tout est fait avec une conscience, une exactitude, une vérité, une netteté sans exemple, et une admirable adresse de main se remarque dans cet ouvrage, chef-d'œuvre de composition, de coloris et d'exécution, mais dont les têtes sont sans grâce.

Le musée de Lyon possède un autre ouvrage de Révoil, dont il a fait don à sa ville natale, c'est le tournoi à Rennes, que je vais brièvement décrire.

Le sire Renaud et le seigneur de Léon, à la tête de la noblesse bretonne, sont venus frapper un tournoi à Rennes. Dans cette solennité, un jeune chevalier inconnu entre en lice et y triomphe quatorze fois de suite. Renaud veut tenter de le vaincre, mais l'étranger baisse humblement sa lance devant lui. Alors un chevalier de Normandie, habile à faire sauter les heaumes, est envoyé contre cet inconnu. Le Normand n'est pas plus heureux; mais, en succombant, il parvient à frapper son adversaire au front, et lui soulever sa visière. Le hérault d'armes, reconnaissant le fils de son maître, proclame le nom de Bertrand Duguesclin, et Renaud, qui accourt sur les échafauds, reconnaît son jeune fils...

A une époque où le genre romantique, fatigué de

la supériorité des œuvres consciencieuses , voulut détrôner le vrai beau en le remplaçant par la peinture molle , vague indécise et par conséquent ennemie des difficultés , ce tableau fut critiqué avec un acharnement qui finit par faire son éloge. Son admirable finesse d'exécution le soutint cependant contre ses détracteurs , et contribua à lui faire rendre justice.

Ce qu'on a le plus reproché à cet ouvrage , c'est son coloris , et j'avouerai franchement qu'il est d'un effet terne et gris; mais , dans l'intérêt de la vérité , je ferai observer que cette scène était ingrate à représenter , et que le choix que l'auteur du tableau a fait du sujet à été son premier tort. Il y a quelques minutes , Messieurs , que je disais qu'un grand nombre de sujets prêtaient fort bien à la poésie écrite , mais seraient d'un médiocre effet en peinture ; eh bien ! celui-ci en est la preuve.

Quel plus beau moment pour un père, reconnaissant dans le vainqueur de quinze chevaliers , son jeune fils qu'il croyait encore un enfant , et quelle gloire pour la famille qu'un tel triomphe en présence de tant de braves chevaliers ! Ce spectacle éblouissant d'armures et de guerriers , ce récit de leurs prouesses , enflammant l'imagination de l'historien , peut lui inspirer une page brillante ; mais l'artiste, obligé de rendre les objets avec vérité , sait que le combat de tant de cavaliers a dû soulever des nuages de poussière , qui , s'élevant dans les airs et formant un voile sur toute la scène , lui présentent une difficulté peut-être insurmontable , et que nous devons regarder comme la cause de la teinte grise qui domine dans ce tableau.

Plusieurs ont attaqué la forme des chevaux , et leur

ont opposé la légèreté de ceux dessinés par Carle et Horace Vernet. Quelquefois, la critique est aveugle, surtout quand elle est passionnée. Les coursiers en usage à cette époque, étaient connus sous le nom de *chevaux de bataille*. Ils étaient choisis ainsi, parce qu'étant plus vigoureux, ils pouvaient mieux supporter le poids de leur armure, ainsi que celle de leur cavalier; et, sous ce rapport, ceux que Révoil a préférés deviennent une vérité historique de plus : c'eût été une bien grande inconvenance de leur avoir donné la fine légèreté des coureurs arabes ou anglais. Le seul reproche qu'on peut leur faire, c'est de manquer de vie. Avant de critiquer la représentation d'un trait d'histoire, il faut premièrement l'apprendre, et la connaissance de ces détails est si rare, que madame de Staël a prétendu que la peinture ne convenait qu'à l'Évangile, parce qu'elle était comprise de suite, tandis que le tableau d'histoire avait toujours besoin d'explication. Sans vouloir combattre tout-à-fait l'auteur de Corinne, je ferai seulement observer que si les sujets de l'Évangile s'expliquent mieux, c'est qu'ils sont connus de tous dès la plus tendre enfance, tandis que l'histoire ne l'est que d'un nombre infiniment petit, mais qui sait très-bien la distinguer, lorsqu'elle est retracée convenablement.

Quoi qu'il en soit, le tableau du tournoi, malgré ses défauts, dont nous convenons il est vrai, n'en sera pas moins toujours regardé, par les gens instruits, comme un monument précieux des jeux guerriers des chevaliers du XIVe siècle, et voici à son sujet comment s'exprime le *Moniteur* du 10 mai 1813 :

M. Révoil réunit, dans son tableau du tournoi, toutes les richesses de l'instruction et même de l'exécution his-

torique. Son sujet est parfaitement traité sous le rapport des convenances du style et de l'expression exacte d'objets si variés.

Il serait trop long, Messieurs, de citer ici tous les ouvrages de peinture qui portent le nom de Révoil, et dont s'honorent un grand nombre de collections particulières (1) ; je rappellerai seulement les principaux ; savoir :

L'Adoration du sacré Cœur de Jésus,

Le Christ sur la Croix, tous deux dans l'église de St-Nizier de Lyon.

Il était naturel que le temple dans lequel Révoil fut marqué du sceau du chrétien, possédât quelques souvenirs de son pinceau.

L'Assomption de la Vierge, dans l'église du Pont-de-Beauvoisin,

Les pèlerins d'Emaüs,

Henri IV et ses enfants,

La prière à S. Louis,

Jeanne d'Arc, prisonnière, insultée par les Anglais,

Le Roi de Navarre et Jeanne d'Albret,

Le Ménestrel et les trois Damoiselles,

L'abbaye de Sylvacane,

Jeoffroy de la Tour,

*François I*er*, armant chevalier son petit-fils, François II,*

S. Louis, partant pour la croisade, se confesse à l'abbé de Montmajour, etc., etc.;

et je me bornerai à dire que, dans chacun d'eux, on

____

(1) L'énumération détaillée en est faite par M. Dumas, dans son *Histoire de l'Académie de Lyon*, t. II, p. 107.

On doit savoir le plus grand gré à l'auteur des recherches qu'il lui a fallu faire pour cette notice, qui est la plus complète, et dans laquelle on ne remarque que très-peu d'omissions.

remarque la même vérité et précision, ainsi que le même esprit chevaleresque. Puisant à des sources sûres, Révoil fut toujours fidèle observateur des costumes, et se servait, pour ses tableaux, de tous les objets d'antiquités françaises, dont se composait sa riche collection (1).

Je finirai, Messieurs, cet exposé des principaux ouvrages de Révoil, en faisant remarquer qu'il n'a pas confié à la toile le centième de ses compositions. Doué d'une prodigieuse facilité pour exécuter les dessins au lavis, son pinceau nous en a laissé un nombre immense (2), parmi lesquels il en existe de très-grande dimension, tels que LE TRIOMPHE DU LABARUM dans la collection Sallier, LA RÉVOLTE DE GAND, à Dijon, ainsi que le dessin aquarelle de LA RÉDEMPTION DES CAPTIFS A ALGER, *par les Pères de la Merci*, et dont en 1830, il entreprit le tableau à l'huile, que sa retraite en Provence l'empêcha de finir. Je citerai aussi, comme un des principaux, LES PREMIERS PAS DE L'ENFANT JÉSUS (3).

Plusieurs de ses dessins destinés à l'illustration de quelques publications lyonnaises, furent gravés, tels que ceux qui ornent l'histoire de Bayart, par M. de Terrebasse; d'autres ne le sont point encore, comme celui qu'inspira à son génie la traduction d'Octavius, par notre honorable confrère, M. Péricaud aîné, ainsi que ceux qui ornent différents volumes de la magni-

(1) Voyez le *Moniteur* du jeudi 12 décembre 1811.

(2) Le Musée de Lyon en possède un représentant Guillaume Tell apprenant à son fils à tirer de l'arbalète.

(1) Il les dirige vers un pauvre auquel il porte du pain ; la Vierge Marie, Élisabeth, St-Joseph et St-Jean le contemplent avec admiration. Ce grand dessin fut exécuté pour un riche particulier d'Avignon.

fique bibliothèque Coste, si précieuse pour l'histoire de Lyon.

Mais ce fut dans sa retraite de Servanne en Provence, que Révoil se livra sans interruption à ce genre d'ouvrages, dans lequel il déploya une connaissance profonde du clair obscur qui donne tant de magie et d'harmonie à une composition. Il s'adonna même au paysage et y réussit si heureusement, que plusieurs de ses dessins peuvent être comparés à ceux du célèbre de Boissieu. Je possède dans ce genre des preuves de talent qu'il m'offrit comme gage d'amitié, et qui me sont devenues bien précieuses aujourd'hui que la main qui les a produites est glacée par la mort.

Après avoir rendu justice à toutes les brillantes qualités du talent de Révoil, nous devons parler du reproche qu'on lui a adressé si souvent et avec raison : c'est que, *dans ses productions, tous les individus sont d'après un seul type, et que les mêmes formes maniérées sont toujours répétées partout.*

Il ne faudrait point attribuer à un manque de talent ce défaut de variété, et ces formes, il est vrai, trop souvent de convention, car ce serait injuste. Nous en trouverons la véritable cause dans cette funeste habitude que Révoil avait contractée de dessiner de mémoire, en s'aidant seulement du souvenir des études qu'il avait faites à l'école de David. Doué d'une prodigieuse facilité d'exécution, ce don naturel si dangereux pour ceux qui, mettant leur confiance en lui, négligent peu à peu de consulter la nature qu'un artiste ne doit jamais perdre de vue, lui devint fatal, au point qu'il saisissait souvent beaucoup mieux une ressemblance de souvenir, qu'en présence de l'original.

Toutefois, nous devons nous empresser de reconnaître

qu'à l'exemple de tous les artistes de mérite, les défauts de Révoil furent rachetés par de très-brillantes qualités, et de déclarer que nous ne les avons point cités ici dans l'intention de critiquer celui dont nous avons été le disciple, mais seulement afin de ne rien omettre de ce qu'il y avait à dire sur le beau talent du chef de notre école lyonnaise.

Enfin, Messieurs, en considérant l'ensemble de ses ouvrages de beaux-arts, nous trouverons que Révoil posséda parfaitement le génie de l'époque qu'il représenta, que personne ne fut plus fidèle observateur des usages, des mœurs et des coutumes qu'il retrace dans ses tableaux, dont le fini précieux, la grâce et l'adresse d'exécution, nous rappellent ce que les Hollandais ont de plus fin, joint à un dessin plein de noblesse, de grandeur et d'élévation, enfin si convenable aux héros dont il a retracé les hauts faits, et dont il comprenait si bien les vertus.

Avant de terminer ce que nous avions à dire sur Révoil, il nous reste à le considérer comme littérateur, et poète, et sous ce double rapport nous pouvons affirmer que personne mieux que lui ne connut le style et le langage de l'époque du moyen-âge ; la fameuse lettre en style gothique, écrite à son ami, M. Richard, est un des morceaux les plus curieux de ce genre, dans lequel Révoil a déployé une érudition spéciale très-étendue.

Nous possédons aussi de lui un éloge de M. Mayeuvre, de Champvieux, lu par l'auteur en séance publique de l'Académie de Lyon, le 16 août 1813, et sur lequel il inséra une notice historique dans le journal de Lyon du 23 juin 1812.

Ce morceau, tribut d'une juste reconnaissance envers

un honorable çitoyen qui a rendu de grands services à Lyon, sa patrie, fit honneur à Révoil, qui, ami de celui dont il faisait l'éloge, avait pu, comme il le dit lui-même, apprécier ses vertus publiques et privées. Le style en est simple, correct, et porte un air de vérité persuasive, qui lui donne tout le caractère d'un ouvrage écrit avec le cœur.

Révoil coopéra aussi, en 1812, conjointement avec MM. Cochard et Piestre, à la rédaction d'un ouvrage demandé à l'Académie, le 3 mars 1812, par M. le comte de Bondy, préfet, au nom du Ministre de l'intérieur, au sujet de la connaissance des différents dialectes usités dans le département. Révoil composa à ce sujet des couplets dans le dialecte de plusieurs communes rurales, et qui étaient d'une originalité parfaite.

Plusieurs de ses élèves conservent encore quelques discours prononcés par leur maître, à la rentrée des classes, et qu'il leur distribuait ensuite, afin qu'ils eussent toujours présents les sages avis que lui inspirait sa sollicitude pour eux (1). Il est vraiment à regretter que l'usage de ces sortes de solennités se soit perdu ; elles produisaient sur les élèves une forte impression et faisaient le meilleur effet dans l'esprit du public, en même temps qu'elles étaient très-honorables pour le professeur qui mettait tant de zèle à l'avancement des jeunes gens qui lui étaient confiés.

Révoil doué d'un esprit caustique et fin, était parfois enclin à la satire, genre qu'il eût porté très-loin, s'il l'avait cultivé ; fort jeune, en arrivant chez David, il eut l'imprudence de laisser échapper de sa plume une satire en vers contre tous les artistes de Paris, ce

(1) Le *Moniteur* du 24 novembre 1813 en cite un passage assez remarquable.

qui lui fit d'eux des ennemis irréconciliables. Ma mémoire ne me rappelle que quelques fragments décousus de cette pièce, qui eut, dans le temps, beaucoup de retentissement, et qui avait pour refrain :

Du Parnasse
Que l'on chasse
Tous ces Trissotins en masse ;
Que le Louvre
Jamais n'ouvre
Des salons
Pour ces croûtons.

Cette chanson, dont chacun des nombreux couplets désignait, de la manière la plus burlesque et la plus piquante, un artiste et ses œuvres, ne fut jamais imprimée.

Révoil nous a laissé une courte notice sur M. Gay, son ami, en tête du catalogue des livres de la bibliothèque de cet architecte, et qu'il ne faut pas confondre avec celle publiée séparément par M. F. Richard (1).

Enfin, l'an 1800, en société avec M. de Forbin, il publia *Sterne* ou *le Voyageur sentimental*, représenté avec succès au théâtre du Vaudeville, en 1799.

Une grande finesse caractérisa toujours les poésies de Révoil, et quelques-unes sont pleines de sentiment. Il serait trop long de les réciter ici, je me bornerai donc à nommer les principales ; savoir :

Madame Royale dans la Tour,

Le Castellet d'amour,

La Veuve au bon Châtelain,

Bayart au tournoi de Lyon,

---

(1) *Notice hist. sur J.-J.-P. Gay, architecte*, par F. Richard, in-8°, de 11 pages, sans date.

La Malade ,

Les Adieux du sire de Damas , occis à la Massoure ,

Strophes en vieux langage sur le roi Charles VI ,

Le sire de Châteaubriand (1) ,

Couplets à l'occasion du passage du comte d'Artois à Lyon ,

Quelques Chansons devenues populaires en 1814 ,

etc., etc., etc....

Cependant je ne peux résister au désir d'en transcrire une en son entier, publiée dans l'*Almanach des Muses*, 1810 , sous le nom de *la blanche Marguerite* :

> Bien que Brigitte eût à peine quinze ans ,
> Et qu'elle fût une simple bergère ,
> Avait gagné le cœur du jeune Hilaire ,
> Page du roi , né d'illustres parents.
> Devers les murs du château de Vincennes
> Elle menait ses brebis chaque jour ;
> Et chaque jour , pour lui conter sa peine ,
> Le jeune page abandonnait la cour.
>
> Sous un grand chêne où le saint roi Louis
> Avait rendu la justice naguère ,
> Survint un jour l'innocente bergère ;
> C'était le lieu d'un rendez-vous promis.
> Mais, ô douleur ! pas n'y trouve le page ,
> Et vainement l'attendit jusqu'au soir :
> Le lendemain attendit davantage ;
> Soins superflus , il ne vint pas la voir.
>
> Jà sont huit jours passés en grand tourment ,
> Espoir va fuir , mais la triste Brigitte ,
> Seulette aux champs, cueille une marguerite
> Qu'elle interroge ensuite en l'effeuillant.
> Reviendra-t-il ? se dit la jouvencelle ,
> Pas ne viendra , répond la blanche fleur.
> Or le beau page était caché près d'elle ;
> Il s'écria : *l'oracle est un menteur.*

(1) *Almanach des Muses* , 1822.

Je finis cet exposé des travaux littéraires de Révoil , en regrettant que ses poésies, la plupart inédites, n'aient pas été réunies et publiées. Elles auraient formé un recueil plein d'intérêt , et qui ne pouvait manquer d'en inspirer au public , lui étant offertes sous le nom d'un homme qui s'est acquis une célébrité honorable.

Les études qu'il avait faites dans tout ce qui concerne l'époque du moyen-âge, lui inspirant le goût des auteurs de ce temps-là, firent de lui un bibliophile remarquable par la rareté des livres anciens que renfermait sa bibliothèque, dont les malheurs l'obligèrent à se défaire quelques années avant sa mort.

Les termes flatteurs dans lesquels parle de lui M. Fortis dans son voyage pittoresque à Lyon , et l'avis de la biographie des contemporains, qui convient que les différents jugements opposés qui ont été portés sur le talent de Révoil eurent pour cause ses opinions politiques, nous le désignent pour un homme qui ne doit pas être jugé trop précipitamment et auquel la postérité rendra toujours justice. Quant à moi , j'ai regardé comme un devoir de rappeler en ce jour à votre souvenir ce qu'il a fait pour s'illustrer, et les services qu'il a rendus à l'école de Lyon. Ainsi , Messieurs, Révoil, homme de bien, professeur habile, peintre distingué, poète, correspondant de l'Institut, chevalier de la Légion-d'Honneur, membre de l'Académie royale et de la Société littéraire de Lyon , ainsi que de plusieurs Sociétés savantes, a réuni tous ces titres dont un seul suffisait pour rendre un homme recommandable , et nous devons regarder comme un acte de justice de lui en accorder un autre , celui de PEINTRE DE LA CHEVALERIE.

BIBLIOTHÈQUE ROYALE

www.ingramcontent.com/pod-product-compliance
Lightning Source LLC
Chambersburg PA
CBHW051356060726
47596CB00005B/1939